La Légion en Espagne

D'APRÈS LES LETTRES

du sous-lieutenant Jean-Jacques AZAN

(1836-1838)

Publiées par le commandant Emm. MARTIN, directeur du *Carnet de la Sabretache*

Extrait du Carnet de la Sabretache (N° 168)

PARIS

J. LEROY, Éditeur, 55, Rue du Faubourg-Poissonnière

—

1906

La Légion en Espagne

D'après les lettres du sous-lieutenant Jean-Jacques AZAN

(1836-1838)

La Légion en Espagne

D'APRÈS LES LETTRES

du sous=lieutenant Jean=Jacques AZAN

(1836-1838)

Publiées par le commandant Emm. MARTIN, directeur du *Carnet de la Sabretache*

PARIS

J. LEROY, Éditeur, 55, Rue du Faubourg-Poissonnière

—

1906

La Légion en Espagne

D'après les lettres du sous-lieutenant Jean=Jacques Azan
(1836=1838)

Lorsque Ferdinand VII mourut, le 29 septembre 1833, sans postérité mâle, le trône d'Espagne échut à sa fille Isabelle ; comme la nouvelle reine n'avait que trois ans, sa mère Marie-Christine avait été désignée comme régente du royaume.

Ferdinand avait pris ses mesures pour faire accepter sa volonté par le peuple espagnol, en promulguant, dès 1830, une pragmatique sanction autorisant les femmes à régner et en accentuant sa volonté par un testament public et solennel. Néanmoins, son frère don Carlos, qui n'avait jamais accepté la pragmatique, et qui avait, du vivant même de Ferdinand, fait acte de prétendant, maintint ses droits à la couronne et acquit rapidement en Espagne de nombreux partisans.

Il n'y avait pas, dans cette compétition, une simple question de personnes, mais plutôt une question de principes politiques. Don Carlos avait peu à peu groupé autour de lui tous les royalistes purs, les partisans de l'absolutisme, tandis qu'autour de la reine Christine, s'étaient réunis les royalistes constitutionnels, les partisans du libéralisme et de la tolérance ; les premiers prirent le nom de *Carlistes* ou de Royalistes et les seconds celui de *Christinos* ou de Constitutionnels. Un troisième parti comprit les libéraux « exaltés », suivant l'expression usitée à cette époque, et se composa d'éléments plus avancés, allant jusqu'à l'idée républicaine.

La guerre civile éclata. Toute une partie de l'Espagne du nord se déclara pour don Carlos, surtout la Navarre et les Provinces Basques ; le gouvernement constitutionnel espagnol dut envoyer des armées combattre l'insurrection, qui était régulièrement organisée et qui avait ses ministres, ses finances, ses généraux et ses troupes.

L'Europe suivait avec intérêt et émotion les phases de la lutte ; les gouvernements, selon qu'ils étaient absolus ou constitutionnels, faisaient des vœux pour le succès de la cause qui leur paraissait la plus juste ; dans chaque nation même, les citoyens, suivant leurs aspirations personnelles, souhaitaient le triomphe de l'absolutisme ou celui du libéralisme. Des volontaires de tous pays allaient s'enrôler dans les rangs de l'une ou de l'autre armée ; des Vendéens et des légitimistes français se rendaient aux camps carlistes ; d'anciens combattants de

Juillet 1830 proposaient au contraire leurs services aux généraux de l'armée de la Reine.

Les sympathies du gouvernement de Louis-Philippe étaient naturellement acquises au parti constitutionnel; dès le 22 avril 1834, la France signa avec l'Angleterre, le Portugal et l'Espagne, le traité de la Quadruple Alliance; ce traité fut complété par les articles additionnels du 18 août suivant, d'après lesquels des mesures devaient être prises au besoin pour venir en aide à la reine Christine. Aussi, lorsqu'au mois de mai 1835, la cause de don Carlos parut devoir triompher, Louis-Philippe décida-t-il de faire passer au service de l'Espagne la légion étrangère, formée en 1831, et qui, depuis cette époque, s'était aguerrie dans les campagnes d'Algérie.

Par la convention franco-espagnole du 28 juin 1835, la légion étrangère quitta le service de la France et prit la cocarde espagnole; elle débarqua à Tarragone le 16 août. En même temps, un aventurier d'assez fière allure, le colonel de Suarce, obtint l'autorisation de lever en France un corps de volontaires qui s'appela la légion Suarce ou les volontaires d'Isabelle II, et qui passa les Pyrénées le 18 septembre. Ce corps d'un millier d'hommes, peu discipliné et surtout irrégulièrement entretenu, dut être dissous peu après; le contingent utile alla grossir les rangs de la légion étrangère.

Les 6.000 hommes ainsi fournis par la France constituèrent un corps espagnol qui prit le nom officiel de *division auxiliar francesa* (division auxiliaire française), sous les ordres du général Bernelle, l'ancien colonel de la légion; ils commencèrent aussitôt à se battre en Catalogne et en Aragon, passèrent ensuite en Navarre, et firent partout des prodiges de valeur.

Pendant ce temps, le gouvernement de Louis-Philippe organisait à Pau un autre corps d'environ 6.000 hommes, composé de volontaires empruntés aux régiments de l'armée française et destiné à aller renforcer la légion en Espagne; il reconstituait en même temps une nouvelle légion étrangère au moyen des enrôlés qui continuaient à arriver en France; toutes ces troupes se réunissaient à Pau. Dès le milieu d'août 1836, un bataillon de 400 hommes de la nouvelle légion, encadré par des officiers tirés des régiments de France, passa les Pyrénées, sous les ordres du colonel Conrad, pour aller rejoindre la division auxiliaire française.

A ce moment, les 13-14 août, éclatait en Espagne une révolution qui imposait à la reine Christine une orientation très prononcée vers les idées libérales : les « exaltés » triomphaient. Louis-Philippe, partisan de la politique du « juste milieu », estimant que l'Espagne allait trop loin, décida qu'aucun soldat de renfort ne passerait plus la frontière et fit procéder à la dislocation des troupes auxiliaires réunies à Pau; seul, le bataillon déjà parti sous le nom de *légion française,* alla se fondre dans les rangs de l'ancienne légion étrangère.

Les légionnaires firent, dans les montagnes de la Navarre et de l'Aragon, des campagnes pénibles et meurtrières; craints et détestés par les Carlistes, ils étaient massacrés sur les champs de bataille quand ils y tombaient blessés, et fusillés quand ils étaient faits prisonniers. Dans cette lutte sans merci, la légion combattit avec un héroïsme qui consista aussi souvent à subir les plus cruelles privations et à supporter les plus grandes souffrances qu'à affronter la mort sur les champs de bataille. On reste plein d'admiration devant le courage et la force morale de ces soldats, quand on connaît les détails de l'existence qu'ils menèrent pendant quatre ans, souvent sans solde, sans vivres, sans vêtements (1).

Leurs officiers et sous-officiers, militaires dans l'âme, formaient une élite vaillante qui les soutenait de ses encouragements et de son exemple. Parmi eux, étaient : le général Bernelle, dont les hautes vertus morales et militaires firent l'admiration des Espagnols ; le général Conrad, qui fut tué à la tête de la légion en 1837, au combat de Barbastro ; l'héroïque Rousset (2), qui se couvrit de gloire dans son commandement de l'artillerie de la légion ; le brave de Nouë, qui devint général de division ; Renault, tué en 1870 à l'assaut de Villiers, comme général en chef du 2ᵉ corps de la 2ᵉ armée de Paris ; Bazaine, qui remplit brillamment, comme capitaine, les fonctions de chef d'état-major et recueillit dans cette guerre de partisans les principes qu'il utilisa au Mexique ; Chéré (3) et Ducimetière dit Monod.

Peu à peu, les combats, les maladies, les libérations et les désertions creusèrent des vides dans les rangs de la légion ; officiers et soldats, abandonnés par le gouvernement français, impuissants à obtenir du gouvernement espagnol appauvri les subsides nécessaires, menèrent l'existence la plus misérable qu'on puisse imaginer. De 6.000 officiers et soldats, ils ne restait plus, au 1ᵉʳ juillet 1838, que 66 officiers et 183 hommes de troupe !

Une ordonnance royale rendue à Madrid le 8 décembre 1838, licencia la légion du service d'Espagne, et les derniers débris du corps rentrèrent en France au début de 1839. Les survivants ne furent pas accueillis par le gouvernement avec la bienveillance qui était due à leur bravoure ; non seulement, les grades acquis en Espagne ne leur furent pas conservés, mais même, ceux accordés avant le départ furent enlevés à leurs possesseurs ; les campagnes faites ne comptèrent que pour mémoire et ne furent pas inscrites sur les états de service, non plus que les blessures reçues sur les champs de bataille !

L'Europe entière avait cependant applaudi au courage des légionnaires, et le duc d'Orléans, au retour d'un voyage, tint à transmettre aux officiers de la légion d'Espagne les éloges qu'il avait recueillis à leur sujet dans les cours étrangères ; ce fut la seule récompense qui leur fut accordée en France.

---

(1) Un volume grand in-8, à l'impression, chez Lavauzelle, intitulé : *La légion étrangère en Espagne*, par le capitaine Paul Azan, donnera le détail des événements de 1835 à 1839.

(2) Père du lieutenant-colonel Rousset, ancien député, membre de la *Sabretache*.

(3) Père du lieutenant-colonel Chéré, chef du 2ᵉ bureau de l'état-major de l'armée et membre du Comité de la *Sabretache*.

On peut suivre en partie la destinée de la légion par les lettres d'un officier qui y resta jusqu'à la fin de la campagne et ne revint en France qu'avec ses derniers débris : Jean-Jacques Azan, sous-lieutenant de voltigeurs.

Jean-Jacques Azan était issu de famille militaire. Son père, qui portait aussi les prénoms de Jean-Jacques, avait lui-même été officier; il avait quitté l'armée en 1794, couvert de blessures, après avoir servi sous la Royauté au régiment de Viennois et avoir fait sous la République les campagnes de 1792 et de 1793 (1). La Convention lui avait, sur un rapport favorable établi par Rolland, accordé une pension par une loi du 17 brumaire an III (2). Comme il n'avait encore que trente-huit ans, il s'était marié et avait vu naître le fils qu'il désirait.

Jean-Jacques Azan, qui était ainsi destiné par son origine à aimer le métier des armes (3), avait grandi au milieu du fracas militaire de l'Empire; mais après la mort de son père, sa mère n'avait pas suffisamment veillé à ce qu'il reçût une instruction solide, et c'est comme soldat qu'il était entré au service sous la Restauration, dans la Garde royale.

En 1836, il était sergent de grenadiers au 43e d'infanterie, l'ancien Royal-Vaisseaux; c'est dans ce régiment qu'un de ses aïeux, fait officier par Louis XV, en mai 1745, sur le champ de bataille de Fontenoy (4), avait servi, près de cent ans avant lui, comme lieutenant de grenadiers (5), et avait, par sa belle conduite au feu, mérité les « grâces du Roy » (6). Mais pour lui, aucune occasion d'affirmer son courage ne se présentait, et le grade d'officier tardait à venir.

----

(1) Dossier de Jean-Jacques Azam père, aux Archives administratives du ministère de la Guerre. Au dix-huitième siècle, presque tous les actes officiels écrivaient le nom de famille avec un *m*.

(2) Rapport du 4 messidor an II, établi au bureau des retraites et pensions des officiers, « pour le citoyen Jean-Jacques Azam » et signé par Rolland. A. A. G., dossier J.-J. Azam père.

(3) La tradition de famille s'est fidèlement perpétuée depuis. Le fils de J.-J. Azan, Joseph-Gilles-Ulysse Azan, entré à Saint-Cyr en 1866, demanda en 1868 à être nommé sous-lieutenant au 42e de ligne, alors détaché à Rome; revenu en France avec la « brigade des drapeaux », il prit part aux opérations du siège de Paris et à la répression de la Commune. Capitaine à vingt-quatre ans, appelé à une belle carrière, il mourut prématurément en 1895, comme lieutenant-colonel du 27e, à Dijon, d'une maladie épidémique contractée à l'hôpital au chevet de ses soldats.
Son fils est le capitaine Paul Azan, qui est actuellement détaché à la section historique de l'état-major de l'armée, et membre de la *Sabretache;* c'est à lui que nous devons la communication des lettres que nous publions.

(4) Capitaine J. Colin. *Les campagnes du maréchal de Saxe : Fontenoy.* Paris, Chapelot, 1906, pp. 146 et 411.

(5) Archives de famille; et A. A. G., registre des lieutenants du Royal des Vaisseaux, 1738 à 1763, fol. 39 *bis*, recto.

(6) Archives historiques du ministère de la Guerre, *Travail du Roi.* Lettres du comte de Guerchy, 25 mai 1745; du comte d'Aubeterre, colonel, 18 mars 1746; du maréchal de Saxe et de M. d'Armentières, 24 juin 1746; du comte d'Aubeterre, colonel, 11 juillet 1746, etc. Le lieutenant Azan fut grièvement blessé d'un coup de feu sur l'os de la jambe à l'attaque du village de Kirckum, le 14 juin 1746.

Aussi, lorsqu'au mois de juillet, le ministre demanda dans les corps des volontaires pour l'Espagne, fut-il un des premiers qui se présentèrent; non seulement, la guerre l'attirait par atavisme, mais elle lui donnait encore l'espoir d'arriver plus rapidement à l'épaulette. Il se rendit à Pau, où se formait le corps auxiliaire, et fut nommé sous-lieutenant au titre espagnol le 7 août (1). Le 9 août, il quitta Pau avec Conrad, dans le bataillon qui alla rejoindre l'ancienne légion à Pampelune. C'est l'existence de la légion depuis cette époque jusqu'au mois de mars 1838 qu'il raconte (2).

.*.

Les lettres du sous-lieutenant Azan sont écrites sur un carnet de poche couvert en maroquin rouge, dont la première page porte le nom et le grade de l'auteur, puis l'indication : *Saragosse, 25 juillet 1838;* elles ne sont pas datées et ne se suivent même pas dans l'ordre chronologique. Certains détails sembleraient indiquer que ce sont des copies faites sur des originaux; l'auteur y aurait incidemment ajouté quelques détails, tel celui relatif à la mort de Conrad et qui se trouve tout au début. Mais il est plus probable que ces lettres ont été écrites pendant le dernier mois du séjour de la légion en Espagne, comme le fait supposer la date figurant sur la première page du carnet; Azan aura adopté ce procédé littéraire, fort répandu à cette époque, pour noter ses impressions.

Quoi qu'il en soit, la précision des renseignements donnés et l'exactitude de ceux qu'on peut contrôler au moyen des pièces officielles, prouvent que ces récits ont été rédigés d'après des notes prises au moment même où les événements avaient lieu; il est des dates, des noms et des détails que la mémoire seule n'aurait pas pu conserver fidèlement.

Azan écrit avec le style simple d'un soldat peu versé dans la rhétorique, et raconte sans emphase la vie de la légion.

Il aime à donner son impression sur les villes qu'il traverse, mais il le fait avec la sécheresse monotone d'un guide; il permet du moins de suivre les pérégrinations de la légion et de connaître sa vie, à l'époque de sa détresse, alors que les pièces officielles sont peu nombreuses.

Il est modeste en ce qui le concerne et parle peu de lui-même; il ne raconte pas qu'il fut cité à l'ordre de la division pour sa bravoure à l'affaire de Villatuerta, le 8 novembre 1836; il passe aussi sous silence la croix de Saint-Ferdinand de première classe qu'il reçut de la reine Isabelle, pour sa belle conduite au combat et à la retraite de Larrainzar,

---

(1) Brevet du 7 août 1836. Archives de famille.

(2) Voir : *Histoire de l'ancienne légion étrangère, créée en 1831, licenciée en 1838.* Paris, Marc-Aurel, 1850, in-8.

les 21 et 22 mars 1837 (1); il ne dit même pas dans quelles circonstances il a été blessé (2).

En vrai sous-lieutenant de voltigeurs, Azan ne paraît guère s'être préoccupé du but général des opérations auxquelles il participait, ni des motifs politiques qui guidaient les Espagnols dans leurs luttes; il se contente de raconter brutalement, mais exactement ce qu'il a vu. C'est à ce titre que ses quelques lettres peuvent être considérées comme une utile contribution à l'histoire de la légion et à celle des relations franco-espagnoles.

Bazaine, qui rédigea un cahier de « renseignements à consulter » relatif aux officiers de la légion, dans lequel il fut souvent fort dur pour eux, notait le lieutenant Azan dans les termes suivants : « Ancien sous-officier s'acquittant bien de ses devoirs d'officier; d'un moral solide et d'une conduite exemplaire » (3).

Le dernier chef de la légion, le lieutenant-colonel Galant, donnant à Pau, lors de la dislocation des débris de son corps, des notes aux officiers, appréciait ainsi le lieutenant Azan : « Bel officier; brave; bonne tenue; un peu frondeur » (4).

PREMIÈRE LETTRE

Événements du 9 août au 14 septembre 1836

C'est le 9 août 1836 que nous sommes partis de Pau, sous les ordres de M. le lieutenant-colonel Conrad (5), mort général commandant la légion auxiliaire française au service d'Es-pagne (6). Arrivés à Pampelune le 18 août (7), nous nous sommes,

---

(1) Dossier de J.-J. Azam fils, n° 98.292 (2° série), états de service; et Archives de famille, brevet délivré par la *Reyna Gobernadora* à « don Juan Santiago Azan ».

(2) Voir Bernelle et Colleville, *Histoire de l'ancienne légion étrangère.* État nominatif des officiers de la légion étrangère blessés en Espagne, p. 494. — Dans ce volume, le nom du sous-lieutenant Azan est toujours écrit avec l'ancienne orthographe Azam.

(3) Archives administratives du ministère de la Guerre, carton : *La légion étrangère.*

(4) *Ibid.*

(5) Joseph Conrad, né le 8 décembre 1788 à Strasbourg, entré à Saint-Cyr en 1807, sous-lieutenant au 28° léger en 1809, avait fait sous l'Empire les campagnes de 1809 en Allemagne, de 1810, 1811, 1812 et partie de 1813 en Espagne; capitaine en 1813, il avait été fait prisonnier à Leipzig; il avait été aide de camp de plusieurs généraux de 1818 à 1829, puis avait pris part à l'expédition d'Alger en 1830; chef de bataillon en septembre 1830, il avait été nommé lieutenant-colonel de la légion étrangère le 5 avril 1834.

(6) Conrad ayant été tué au combat de Barbastro, le 3 juin 1837, l'indication de sa mort montre que les lettres sont un récit postérieur aux événements, ou du moins qu'elles ont été recopiées avec de légères additions.

(7) Cette date est bien exacte; c'est celle donnée par le général Lebeau, commandant la légion française, dans son rapport au ministre sur les opérations d'août.

LA REINA DOÑA ISABEL SEGUNDA,

Y EN SU NOMBRE DOÑA MARÍA CRISTINA DE BORBON, REGENTA Y GOBERNADORA DEL REINO.

Por cuanto *atendiendo al mérito y demas circunstancias que concurren en Don Juan Azan, he venido en nombrarle subteniente de Infantería de la Legion auxiliar estrangera correspondiente al egército frances de las posesiones de Africa destinada en la actualidad al servicio de España, con la antigüedad de diez y seis de Agosto de mil ochocientos treinta y seis y en los terminos de contrata no obstante lo que á continuacion se expresa* —

Por tanto mando al Capitan general ó Comandante general á quien tocare, dé la órden conveniente para que precedido el juramento que debe prestar el expresado D. *Juan Azan* — conforme á lo prescrito por la CONSTITUCION, si ya no lo hubiese hecho, se le ponga en posesion del referido empleo, guardándole y haciéndole guardar las preeminencias y exenciones que le tocan y deben ser guardadas; y que el Intendente ú Ordenador á quien perteneciere dé asimismo la órden necesaria para que se tome razon de este Despacho en la Contaduría principal ó Intervencion, y en ella se le formará asiento con el sueldo que le correspondiere segun el último Reglamento, del cual ha de gozar desde el dia del cúmplase del Capitan ó Comandante general, segun constare de la primera revista. Dado en *Palacio* á *diez* de *Mayo* de mil ochocientos *treinta y siete* —

Yo la Reyna Gobernadora

Facundo Infante

V. M. nombra *Subteniente de Infantería en la Legion auxiliar francesa Don Juan Azan.*

BREVET D'OFFICIER
DE LA LÉGION AUXILIAIRE FRANÇAISE
AU SERVICE DE LA REINE D'ESPAGNE
(Communication de M. le Capitaine PAUL AZAN)

le lendemain, rendus dans nos cantonnements, à une lieue de là, dans un village nommé Zizur-Minor (1), et nous y sommes restés jusqu'à la fin du mois.

Nous avons quitté nos cantonnements le 1er septembre pour nous rendre à Artajona (2), petite ville sale et mal construite, où nous sommes restés six jours ; de là, nous sommes allés à Mendigorria (3), ville renommée pour ses vins et assez riche ; le lendemain, nous étions à Larraga (4), où nous avons fait séjour ; puis nous sommes partis pour Lerin (5). Cette ville, forte par sa position, est mal construite et sale ; je conserverai toujours le souvenir de la nuit que j'y ai passée ! Nous étions logés trois officiers dans une maison qui paraissait aisée ; mais une heure après nous être couchés, il nous fut impossible de rester au lit, car des centaines de poux nous couvraient le corps ; nous avons passé le reste de la nuit, jusqu'au moment du départ, à faire la chasse à ces maudites bêtes.

Au matin, nous marchâmes vers Estella (6), principale ville de la faction (7). Vers onze heures, la colonne fit une halte de vingt minutes pour donner à notre artillerie le temps de nous rejoindre ; lorsqu'elle fut arrivée à nous, nous commençâmes le mouvement ; nos forces étaient de 14.000 hommes, commandés en chef par le général Oraa. Nos tirailleurs se dirigèrent sur le village d'Arroniz occupé par l'ennemi ; cette belle position fut enlevée au pas de charge par notre légion, tandis que les Espagnols assistaient au combat en simples spectateurs.

C'est là que mon bataillon reçut le baptême du feu : les soldats les plus aguerris n'auraient pas mieux résisté à l'ennemi ;

---

(1) Zizur-Minor est le premier village qu'on rencontrait au sud de Pampelune, sur la route de Puente-la-Reyna.

(2) Sur la rive gauche de l'Arga, à quelques kilomètres au sud de Puente-la-Reyna.

(3) Sur l'Arga, entre Puente-la-Reyna et Artajona.

(4) Sur la rive droite de l'Arga, au sud-ouest d'Artajona.

(5) Sur l'Ega, au sud d'Estella.

(6) Le but du général Lebeau et d'Oraa, général en chef par *intérim*, était de couvrir l'Ebre et d'en empêcher le passage par les Carlistes. Ceux-ci crurent que les Constitutionnels voulaient s'emparer d'Estella, et massèrent leurs troupes sur les hauteurs qui couvrent cette ville vers le sud, d'Arroniz à Morentin. — (Rapport de Lebeau sur les opérations de septembre 1836.)

(7) La *faction*, terme par lequel étaient désignés les partisans de don Carlos ; les Carlistes étaient appelés les *factieux*.

nous avons montré que nous étions dignes du nom français que nous nous sommes donné en entrant en Espagne (1); nous avons marché l'arme sur l'épaule droite vers l'ennemi, malgré son feu continuel; toute la colonne nous a imités; nous avons ainsi enlevé les fameuses hauteurs du mont Jura, hauteurs qui dominent Estella, et d'où nous pouvions incendier la ville.

Mais un fâcheux événement nous arrêta : le général nous fit prévenir de battre en retraite, en raison du manque de munitions; c'est une chose qui arrive continuellement en Espagne, autant par suite d'une mauvaise administration, que par le manque de prévoyance des généraux (2).

DEUXIÈME LETTRE

Événements de fin septembre — commencement octobre 1836

Après notre dernière expédition (3), nous sommes rentrés dans nos anciens cantonnements. Notre bataillon a été réformé et versé dans les autres (4).

Nous sommes partis pour une seconde expédition; elle a consisté à parcourir le pays qui appartient à la Reine dans la Navarre, afin de raffermir les paysans; nous nous sommes d'abord dirigés sur Lodosa, près de Logroño (5); c'est une petite ville qui ne présente rien d'intéressant. Nous avons visité ces campagnes,

---

(1) Les officiers et soldats venus de Pau avec Conrad n'avaient pas voulu accepter le nom de *nouvelle légion étrangère* que le gouvernement de Louis-Philippe voulait leur imposer, et ils avaient pris, aussitôt les Pyrénées franchies, le nom de *légion française*. Les Espagnols appelaient d'ailleurs officiellement la légion du nom de *division auxiliaire française*, et le timbre porte : *Division auxiliar francesa.*

(2) Ce doit être la vraie raison de la retraite inexplicable de Lebeau; elle est certainement plus acceptable que celle donnée par Lebeau lui-même dans son rapport, qui dit à propos de l'occupation du mont Jura : « Chacun sait que de là on peut foudroyer tout ce qui est au-dessous. Estella, où les rebelles rentrèrent en confusion, est au pied; nous n'en voulûmes pas, pour leur laisser le piège où nous prendrons Don Carlos. »

(3) Il s'agit de l'expédition d'Arroniz.

(4) Le bataillon venu de Pau avait pris le n° 7. Peu après l'expédition d'Arroniz, il fut dissous et versé dans les autres; cette mesure « nécessitée par les circonstances et la diminution de l'effectif de la légion », suivant l'expression de Conrad, mécontenta beaucoup les officiers et les soldats qui en faisaient partie. — (Conrad à Harispe, 12 octobre 1836.)

(5) Lodosa, sur l'Ebre, en aval de Logroño. La légion y arriva le 4 octobre 1836 avec Lebeau. — (Lebeau au ministre, 2 nov. 1836.)

qui sont continuellement infectées par les factieux ; nous y avons
levé quelques contributions de toute nature.

De là, nous sommes allés à Olite (1) ; c'est une ville ancienne,
qui possédait un château appartenant aux rois de Navarre (2),
mais Mina le fit sauter à l'approche des Français en 1809 et il n'en
reste plus que les ruines. Le souvenir des Français subsiste, parce
que Napoléon fit fusiller les cent habitants les plus notables
de la ville, pour des crimes commis sur des Français quelques
jours après leur entrée. Cependant une dame, malgré ses malheurs,
me disait : « J'ai perdu toute ma fortune, mais cela m'importerait
peu si je n'avais appris la mort d'un brave colonel français qui me
sauva l'honneur, à moi et à plusieurs de mes amies. »

Le lendemain de notre arrivée à Olite, nous sommes partis
pour Tafalla (3), petite ville assez bien distribuée, qui était
menacée par les factieux ; après y être restés quatre jours pour
assurer sa sûreté, nous sommes retournés à Pampelune, notre
quartier général.

Rien de cette expédition qui mérite d'être raconté en
détail ; dans ma prochaine lettre, je ferai la description de
Pampelune.

TROISIÈME LETTRE

Combat d'Allo — 21 décembre 1836

Combat d'Allo, village à 2 lieues et demie de Lerin. Nous partîmes le 16 décembre (4), à 5 heures du matin, pour surprendre
l'ennemi, mais nous fûmes trompés par nos guides, qui nous firent
prendre une fausse direction ; nous perdîmes ainsi l'avantage que
nous pouvions avoir, car il nous fallut deux heures pour rejoindre

---

(1) Lebeau arriva le 6 octobre à Peralta, au N.-E. de Lodosa, sur l'Arga ;
il en partit le 7 pour Olite, ville plus au N.-E., sur le Rio Zidacos de Navarra,
affluent de l'Aragon.

(2) Olite avait été en effet jadis le séjour des rois de Navarre, qui
n'allaient même à Pampelune que les jours de représentation ; ce fut
Charles III, roi de Navarre, qui y bâtit un palais au quinzième siècle.

(3) Au nord d'Olite, sur la même rivière ; la légion y coucha le 7 octobre.

(4) Erreur de date. C'est le 21 décembre à 4 heures du matin que Conrad
quitta Lerin pour aller faire une réquisition-reconnaissance vers Allo. —
(Rapports de Conrad au comte de Clonard, du 20 et du 22 décembre 1836.)

la bonne route, et le jour survint. C'est ce retard qui donna le temps à l'ennemi de prendre ses positions pour défendre Allo (1); nous enlevâmes néanmoins le village à la baïonnette avec le commandant Ferrary (2), aujourd'hui colonel de la légion (3).

Pendant que l'on mettait la main sur des otages, les ennemis reçurent des renforts, le double de nous en cavalerie; ils reprirent alors l'offensive, et peu à peu nous repoussèrent dans la plaine pour nous charger. Mais à leur grande surprise, ils nous virent former le carré par bataillon, nous placer en échelons et les attendre de pied ferme; devant une pareille contenance, ils n'osèrent pas nous charger; nous possédions d'ailleurs six pièces qui leur « chassaient les mouches » chaque fois qu'ils osaient sortir de leurs positions. C'est égal, si leur génie militaire avait égalé leur courage, je crois que c'en était fait de la légion.

Enfin, la charge sonne, nos escadrons (4) s'élancent... Mais ils se trouvent en face d'un ennemi trop nombreux et sont bientôt forcés de chercher un refuge dans nos carrés pour lui échapper; nos lanciers étaient tellement démoralisés, qu'il fut impossible de les faire recharger; nos voltigeurs, à 80 pas des carrés, remplacèrent alors notre cavalerie. La nuit commençant à tomber, les ennemis se retirèrent sur Allo et nous sur Lerin.

Nous perdîmes dans cette affaire plusieurs braves officiers, parmi lesquels un de mes grands amis, M. Robin, sous lieutenant de voltigeurs, né à Bourbon-Vendée. J'ai accompagné ce brave

---

(1) C'est exactement ce que dit Conrad dans ses rapports.

(2) André-Camille-Marie Ferrary, né à Parme (Italie), le 15 juillet 1791, avait été naturalisé Français le 22 mai 1831. Il était entré au service en 1803, au 1er hussards italien, avait servi au régiment royal étranger au service d'Espagne, comme sous-lieutenant et lieutenant, de 1809 à 1813; en 1813, il avait passé au service de la France, avait été affecté au 130e de ligne et avait été fait chevalier de la Légion d'honneur en 1814. Il était parti à Naples sous la Restauration et avait repris du service au 34e de ligne en 1831; nommé lieutenant adjudant-major à la légion en 1833, il passa capitaine en juillet 1835, avant le départ pour l'Espagne. Malgré les grades acquis sur le champ de bataille au service de l'Espagne, il fut remis chef de bataillon à son retour en France en 1839, et dut prendre sa retraite en 1844, comme lieutenant-colonel.

(3) Ferrary n'ayant été nommé colonel de la légion qu'à la fin de 1837, ce détail est une preuve de plus que les lettres ont été recopiées et complétées par l'auteur vers la fin de la campagne ou rédigées en 1838, à Saragosse.

(4) Ces escadrons portaient le nom de *lanciers polonais* et avaient été formés à l'aide des nombreux réfugiés polonais qui se trouvaient en France à cette époque.

camarade jusqu'à sa tombe ; il a été enterré avec les honneurs militaires, porté par quatre sous-officiers de sa compagnie jusqu'à un endroit hors des injures de nos ennemis ; là, je lui ai fait mes adieux (1).

Les voltigeurs ont eu l'honneur de cette journée ; ils ont été continuellement aux prises avec la cavalerie, qui n'a pas pu les entamer.

QUATRIÈME LETTRE

Événements de mars 1837 — Le bivouac de Las Dos Hermanas-Larrainzar

Formation des trois bataillons le 1er mars 1837 (2).

Nous partîmes le 4 mars pour marcher sur Tolosa (3), ville tombée entre les mains des factieux. Nous nous arrêtâmes à un lieu appelé Dos Hermanas, « Les deux sœurs » (4), parce qu'il y a là deux roches vis-à-vis l'une de l'autre et qui se ressemblent. Nous y arrivâmes le 14 mars (5) et nous y bivouaquâmes. Quelle nuit affreuse ! De 5 heures du soir jusqu'au lendemain 9 heures

(1) Édouard-Constantin-Gabriel Robin fut tué « à la tête d'un peloton de voltigeurs, au moment où il enlevait à l'ennemi une position avantageuse » ; quand son père réclama au ministère son arriéré de solde, le général Cubière s'adressa à Ferrary, qui lui répondit en ces termes : « La somme de 497 fr. 80, montant de ce qu'il revient à M. Robin, fut versée à cette époque, par ordre de l'autorité supérieure, à la caisse du corps, et fut employée, ainsi que les masses des hommes et tout ce qu'il y avait de disponible en numéraire, à subvenir aux besoins de la légion, c'est-à-dire à payer de temps à autre quelques jours de prêt à la troupe. L'état de misère dans lequel la légion a été plongée et le manque de fonds où elle se trouve me mettent avec regret, quant à présent, mon général, dans l'impossibilité de pouvoir payer cette somme. » — (Ferrary à Cubière, de Saragosse, 10 mai 1838.)
Ce trait donne une faible idée du dénuement dans lequel se trouva la légion pendant la dernière partie de son séjour en Espagne.
(2) Cette réduction fut motivée par la diminution de l'effectif de la légion.
(3) Tolosa, dans les Provinces Basques (Guipuzcoa). Le véritable but de l'expédition était Lecumberri, point sur lequel devaient converger trois colonnes de l'armée constitutionnelle.
(4) C'est le 11 mars que la colonne sous les ordres du général espagnol Saarsfield, dans laquelle se trouvait la légion, quitta Villaba par la route qui conduit à l'ouest vers Irurzun, et c'est le même jour qu'elle s'arrêta au défilé Las Dos Hermanas. Ce nom est commun à de nombreux sites d'Espagne où deux roches se trouvent juxtaposées. Le bivouac en question est au nord-ouest d'Irurzun.
(5) Il faut lire : *le 11 mars*.

du matin, la neige fondue tomba sans interruption. Il est difficile de peindre un tableau aussi triste que celui de ces 14 ou 15.000 hommes assis dans la neige, sans feu puisque la neige l'éteignait, et ne prononçant pas une seule parole. Heureusement pour nous, l'ennemi n'était pas plus à son aise (1).

Vers 10 heures, nous nous mîmes en route ; nous allions occuper des cantonnements nouveaux pour nous, puisque c'étaient ceux des factieux ; nous y arrivâmes vers 4 heures, établîmes nos postes comme on fait en pareil cas, et y restâmes jusqu'au 19 (2).

Ce jour-là, nous partîmes pour Larrainzar (3), à 7 lieues de nos cantonnements ; nous prîmes la droite de la division, les voltigeurs flanquaient de droite et de gauche. Au travers des montagnes, impossible de distinguer un homme à quatre pas ; quoiqu'à demi-portée de fusil de l'ennemi, nous n'eûmes d'autre accident que la fatigue et le mauvais temps ; nous arrivâmes aux logis à 8 heures. Les malheureux qui ne purent suivre moururent ; dans la nuit, des paysans nous apportèrent des soldats gelés.

Nous passâmes une nuit assez tranquille. Vers 8 heures du matin, le 2ᵉ bataillon reçut l'ordre de monter vers la montagne (4), en découverte. L'ennemi, qui voyait tous nos mouvements, attendit nos camarades de pied ferme, et les reçut avec une grêle de balles, sans pouvoir arrêter leur élan ; puis, comme il était supérieur en nombre, il chercha à les attirer dans la forêt pour mieux les écraser, s'ils se laissaient prendre à ce piège.

En un clin d'œil, nous volons à leur secours, nous entamons une fusillade nourrie, et nous réussissons à dégager le premier

---

(1) Les légionnaires gardèrent toujours le souvenir de cette terrible nuit, Voir C. B. : *Geschichte der Fremden-Legion in Afrika und Spanien*, Iéna. 1873, t. I, p. 268.

(2) Détail parfaitement exact. La légion campa jusqu'au 19 dans de petites localités situées entre Irurzun et Pampelune.

(3) Larrainzar, à 2 kil. N.-O. de Lizasso, dans la vallée de l'Ulzama (haute vallée de Lanz).

(4) Azan oublie de dire ici que le 1ᵉʳ bataillon était parti dès la pointe du jour sur la montagne pour y construire un petit ouvrage défensif qui devait être confié à la compagnie du capitaine de Hébich. Une attaque soudaine des Carlistes força tout le 1ᵉʳ bataillon à redescendre les pentes, sauf Hébich et ses légionnaires. C'est alors que le 2ᵉ bataillon partit au secours du 1ᵉʳ. Le 3ᵉ bataillon suivit peu après. — (Conrad à Iribarren.)

DOÑA ISABEL SEGUNDA POR LA GRACIA DE DIOS

Y POR LA CONSTITUCION DE LA MONARQUÍA ESPAÑOLA, REINA DE LAS ESPAÑAS, Y EN SU NOMBRE DOÑA MARÍA CRISTINA DE BORBON, REGENTE Y GOBERNADORA DEL REINO.

Por cuanto en consecuencia de lo prevenido en el Reglamento de diez de Julio de mil ochocientos y quince, y atendiendo al mérito distinguido que vos *Don Juan Santiago Azan, Teniente de la Legión Auxiliar Francesa con que os tragisteis en las acciones de Larrainzar, ocurridas los días veinte y uno y veinte y dos de Marzo de mil ochocientos treinta y seis.*

he venido en concederos la Cruz de *primera* clase en la Orden Nacional y Militar de S. Fernando. Por tanto mando á los Capitanes generales, Gobernadores de las plazas y demas Gefes, Oficiales y Soldados de los Ejércitos y Armada Nacionales, á los Tribunales, Jueces, Autoridades, Intendentes, Comisarios Ordenadores y de Guerra, y á cualesquiera otras personas de todas clases, fueros y condiciones, que os hayan y tengan por tal Caballero de *primera* clase de dicha Nacional y Militar Orden, guardándoos todas las distinciones y prerogativas que á esta gracia corresponden y os deben ser guardadas; y asimismo mando que el Capitan general, Gobernador ó Gefe á quien corresponda en donde os halleis sirviendo, os ponga la expresada Cruz de S. Fernando con las formalidades designadas, prévio el juramento que debeis prestar conforme á lo prescrito por la Constitucion, si ya no lo hubiéseis hecho, mediante la presente Real cédula, firmada de mi mano, y refrendada del infrascrito mi Secretario de Estado y del Despacho de la Guerra. Dada en Palacio á *diez y ocho* de *Diciembre* de mil ochocientos treinta y *ocho.*

Yo la Reyna Gobernadora

Isidro Alaix

M. R. *ra* de *primera* clase de la Nacional y Militar Orden de S. Fernando á *Don Juan Santiago Azan.*

bataillon qui, sans nous, aurait probablement succombé. Mais l'ennemi arrive en force de toutes parts, et résiste à notre intrépidité. Les voltigeurs partent en tirailleurs : nous traversons un ravin sans regarder si nous étions secondés, et nous nous trouvons surpris, et même sur le point d'être faits prisonniers : sans un peu de présence d'esprit, nous ne pouvions nous retirer. Je ne sais par quel hasard un tambour se trouvait parmi nous : je lui ordonnai de battre la charge, et c'est ce qui nous sauva; l'ennemi, croyant nos bataillons près de lui, prit la fuite, et nous eûmes le temps de repasser le ravin et de rejoindre nos colonnes qui se retiraient.

Nous avons eu dans cette affaire plusieurs officiers tués, et beaucoup de blessés; nous avons perdu plus de cent voltigeurs dans les trois compagnies. Une compagnie de la légion, seule dans une bergerie, a résisté pendant une heure contre deux bataillons, et c'est pour la dégager que nous avons perdu tant de monde (1). Enfin, l'ennemi a été entièrement battu. Nous sommes néanmoins rentrés dans nos logements sous son feu.

Nous passâmes la nuit tranquilles. Dès le point du jour, les ennemis nous attaquèrent pour nous attirer à eux, mais nous ne leur répondîmes pas.

Nous nous réunîmes et prîmes la route pour nous rendre dans les environs de Pampelune. Les chemins étaient affreux; la légion reçut la mission de soutenir la retraite : toutes les cinq minutes, nous devions faire halte pour résister aux ennemis; il fallait gravir des montagnes par la neige, et après nous être exténués pendant une heure à monter, mettre deux heures pour descendre. Voilà la situation de la légion toute la journée ! (2)

---

(1) C'est la compagnie du brave capitaine de Hébich, appartenant au 1ᵉʳ bataillon, qui résista seule sur le sommet de la montagne, pendant que le reste de son bataillon avait battu en retraite. Hébich tint tête aux forces carlistes jusqu'au moment où il fut délivré par le retour offensif des trois bataillons.

(2) Cette retraite faite en échelons fut extrêmement pénible; les hommes qui restèrent en arrière furent massacrés par les Carlistes; quand le général espagnol Iribarren retrouva Conrad qui avait formé l'arrière-garde avec la légion, il le serra contre lui avec effusion.

Le lieutenant Azan fut décoré par la reine Isabelle de la croix de Saint-Ferdinand de première classe pour sa conduite au combat de Larrainzar et pendant la retraite.

CINQUIÈME LETTRE

Révolution de Pampelune en août 1837

Pampelune est l'une des villes les mieux construites de l'Espagne; elle est bâtie sur un riche coteau entouré de campagnes fertiles, protégée par de bonnes fortifications et par une citadelle de premier ordre; elle possède une belle place, dont le milieu est orné d'une fontaine qui donne de l'eau en abondance, elle a de magnifiques promenades et une église superbe avec un portail moderne; c'est le décor de *Robert-le-Diable* (1).

Je me suis trouvé à la révolution de Pampelune, le 14 août 1837 (2). A 10 heures du matin, je me promenais vers la citadelle, lorsque je vis entrer deux bataillons de *tiradores,* qui s'emparèrent aussitôt des postes de la ville, sans commettre aucune imprudence (3). Lorsqu'ils en furent maîtres, ils se dirigèrent chez le général Saarsfield, qui était alors vice-roi de Navarre, et chez le colonel de Mendivil, colonel du 5ᵉ dragons, qui remplissait d'autres fonctions à Pampelune. On fit donner au général je ne sais quelle somme d'argent, et on lui dit qu'il pouvait rentrer chez lui; mais c'était pour le faire massacrer; lorsqu'il fut arrivé place de la Constitution (il était à cheval), on tua son cheval, on le massacra lui-même aussitôt après, et on le dépouilla de ses vêtements; chacun arrachait un morceau de ses effets, si bien qu'il ne fut plus reconnu, et qu'il resta toute la journée exposé aux injures de tous, sans que personne eût la générosité de le couvrir. Au même

---

(1) *Robert-le-Diable*, opéra en 5 actes, paroles de Scribe et Delavigne, musique de Meyerbeer, représenté à l'Académie royale de musique le 21 novembre 1831. Il y est question d'un monastère antique, fondé par sainte Rosalie, dans lequel Robert doit cueillir un rameau magique, talisman d'amour. C'est sans doute le décor relatif à cette scène qui avait dû impressionner J.-J. Azan et qu'il comparait à la grande place de Pampelune.

(2) C'est le 25 août 1837 que la révolution eut lieu en réalité.

(3) Les 1ᵉʳ et 2ᵉ bataillons de *tiradores* d'Isabelle II, qui cantonnaient aux environs de Pampelune, étaient particulièrement travaillés par le parti dit « exalté », et étaient en outre mécontents du non-paiement de leur solde; le 25 août, entre 9 et 10 heures, ils arrivèrent à Pampelune, escortés par un escadron, sous les ordres du colonel Iriarte, arrêtèrent la garde et occupèrent tous les postes.

moment, on assassinait le colonel de Mendivil devant chez lui; c'est là que j'ai pu juger la barbarie de ces hommes : après l'avoir criblé d'une vingtaine de coups de fusil, des barbares lui ont ouvert le ventre avec des couteaux pour lui arracher le cœur; j'ai vu des femmes encourager ces vils assassins par leur présence et leur sottise. Mme de Mendivil est morte de frayeur; Mlle de Mendivil est devenue folle de saisissement. Voilà comment cette malheureuse famille a fini, ainsi qu'une quarantaine d'autres.

Mais je dois dire avec fierté que les débris de notre belle légion n'ont pris aucune part à ces massacres, malgré la misère qui accablait nos soldats.

Notre colonel, voyant une conduite si honorable (1), prit sur lui l'ordre de sortir de la ville, et nous conduisit à nos cantonnements de Huarte, Burlada et Villaba (2). Là, tous les jours, au réveil, nous avions des escarmouches. Il fallait voir combien de signors et signoritas venaient nous demander notre appui; nous autres Français, toujours généreux, nous les recevions avec plaisir; et cependant, que d'injures nous adressaient parfois tous ces gens ! (3)

Si nous étions restés quelques jours de plus dans nos cantonnements, nous y serions morts de faim. Aussi, le colonel, voyant qu'il ne pouvait rien obtenir (4), se décida-t-il à partir; le 17 octobre 1837, il nous rassembla, et nous organisa, les officiers,

---

(1) La conduite des légionnaires fut digne et courageuse à tous égards. Leur position était des plus difficiles, puisqu'ils se trouvaient seuls à représenter le véritable parti de la Reine, entre les révolutionnaires de Pampelune, qui venaient de déclarer la province indépendante, et les Carlistes, qui tenaient la campagne aux environs mêmes de la ville.

(2) Villages aux environs de Pampelune, vers le N.-E.

(3) Les partisans de la junte révolutionnaire de Navarre gardaient rancune aux légionnaires de ne pas prendre parti pour eux, mais il venaient néanmoins, en cas de danger, leur demander protection contre les bandes carlistes.

Deux officiers de la légion, le lieutenant Gurdin et le sous-lieutenant Bravard, tombèrent victimes de la haine des révolutionnaires de Pampelune dans la nuit du 30 au 31 août, au moment où ils rentraient chez eux; Bravard reçut un coup de couteau dont il mourut sur-le-champ, Gurdin en reçut quatre, mais survécut cependant.

(4) Les juntes qui se succédèrent à Pampelune pendant les mois de septembre et d'octobre ne versèrent aucune solde à la légion, tandis qu'elles payèrent les autres troupes. Les légionnaires n'avaient plus ni argent, ni vêtements, ni chaussures et ne touchaient même plus de vivres! — (Lettres de Ferrary, aux Archives du ministère de la Guerre.)

en *compagnie sacrée* bien armée (1); nous prîmes l'avant-garde, ce qui encouragea si bien nos soldats, qu'ils nous jurèrent de mourir tous avec nous plutôt que de se rendre. Nous marchâmes pendant quatre jours à travers les montagnes, et nous arrivâmes enfin en vue de Jaca.

Quelle joie ce fut pour nous ! Nous nous approchons à un quart de lieue de la ville, nous faisons halte; le colonel envoie en avant M. de Guyon (2), officier d'ordonnance; cet officier revient presque aussitôt en disant que le gouverneur ne voulait pas nous recevoir. Le colonel part alors lui-même, et il obtient que nous entrions, mais les officiers seulement avec nos hommes de confiance.

Le lendemain, nous fîmes visite au gouverneur; c'était un brave et ancien militaire; il approuva notre conduite, dont lui avait fait part le colonel, et en rendit compte au général d'Aragon; celui-ci nous ordonna de rester, jusqu'à nouvel ordre de la mairie, et il nous félicita de notre conduite, qui valut à M. Ferrary, lieutenant-colonel, le grade de colonel.

SIXIÈME LETTRE

Le séjour à Saragosse, en avril et mars 1838

Après dix mois de souffrances (3), nous avons vu notre sort s'améliorer, et nous avons touché quatre mois de solde; mais l'ordre est venu de partir pour Saragosse, afin d'y être réorganisés.

Nous avons quitté Jaca le 13 avril 1838. A notre arrivée à Saragosse, nous avons rendu les honneurs aux autorités civiles et

---

(1) La mort, la libération et la désertion avaient réduit la légion, d'un effectif de plus de 6.000 hommes, à un effectif au-dessous de 500; les officiers et les sous-officiers, fidèles à leur devoir, se serraient autour de Ferrary. Les officiers de la *compagnie sacrée*, armés comme des soldats, étaient environ 80 au moment de sa formation, en septembre 1837. — (Ferrary à Harispe, de Villaba, 4 septembre 1837.)

(2) Dans un état nominatif des officiers, envoyé au général Harispe à Bayonne le 8 juillet 1837, Guyon figure parmi les « officiers français venus volontairement de France en Espagne ».

(3) La légion était dans le dénuement le plus profond; elle ne touchait plus de solde, n'avait plus de vêtements, et ne percevait même pas régulièrement des vivres.

militaires; le surlendemain, nous avons été casernés dans un couvent nommé la Trinité, que l'on a transformé en fort, et qui constitue une avancée pour la ville.

Depuis notre arrivée jusqu'au 1ᵉʳ décembre, nous sommes restés à végéter comme des malheureux, sans toucher une obole; il nous est dû en ce moment une année de solde, et nous n'avons pas l'espérance d'en recevoir une partie; nous voilà donc retombés dans la même position qu'à notre arrivée à Jaca.

Nous avions quitté Pampelune parce que nous ne voulions pas prendre part au massacre; je crois que nous serons forcés de quitter Saragosse en raison des représailles. Nous voyons fusiller de 40 à 50 hommes tous les 4 ou 5 jours, et à notre caserne; c'est là notre spectacle à Saragosse (1).

Nous faisons journellement des demandes pour être réorganisés ou être payés, on ne daigne pas nous répondre. Voilà comment sont traités les débris de cette belle légion, qui a versé son sang pour la liberté espagnole...

Mais assez parlé du service; venons-en à Saragosse. Cette ville a acquis une grande renommée par le siège qu'elle a soutenu; c'est tout ce qu'il y a à dire sur elle. Rien de remarquable, si ce n'est, au milieu de la place de la Constitution, une fontaine que le génie espagnol ne trouve pas le moyen d'approvisionner d'eau, ce qu'un maçon français trouverait facilement (2). Une seule belle rue est à citer : le Coso (3); 64 couvents sont écroulés, depuis l'époque du siège; trois ou quatre seulement ont été restaurés, tandis que les ruines des autres sont conservées comme un monument précieux. Il est vrai que c'est un beau titre de gloire pour les

---

(1) Le 19 novembre 1837, le colonel Iriarte, un commandant, un lieutenant et trois sergents qui avaient participé à l'insurrection, avaient été passés par les armes à Pampelune. Le chiffre d'exécutions qu'indique Azan à Saragosse en 1838 semble exagéré.

(2) La *Plaza de la Constitucion* est sur la limite sud-ouest de la vieille ville, et constitue le centre de la Saragosse moderne; la fontaine qui s'élève au milieu de la place porte le nom de *Fuente de la Sangre* (fontaine du sang), parce qu'elle a été élevée en mémoire des combats sanglants de 1809.

(3) La *Calle del Coso* borde en demi-cercle la vieille ville au sud et traverse la place de la Constitution; ce devait être en effet, en 1838, la seule voie un peu large de la ville.

habitants d'avoir résisté aussi longtemps (1) : il n'y a pas une seule maison, au Coso, qui ne soit criblée de mitraille ; une grande maison, ci-devant l'Inquisition, n'a rien de curieux.

Les promenades étaient assez belles, mais tout est changé depuis le 5 mars 1838. C'est ce jour-là que les factieux sont entrés en ville. Vers quatre heures du matin, leurs trois bataillons sont arrivés, espérant être soutenus par les Carlistes (2) : ils ont été trompés, car pas un Carliste n'a osé bouger, et ils ont été assaillis par la garde nationale et les femmes ; quand les femmes de Saragosse s'en mêlent, il faut que le sang coule. Les factieux, dans cette échauffourée, ont perdu dans l'espace d'une heure plus de mille hommes ; je pense qu'ils n'ont pas envie de revenir ! Il faut le reconnaître, la garde nationale fait très bien son service. Depuis cette surprise, les promenades sont détruites, des fortifications sont élevées autour de la ville et l'on fait batterie sur batterie (3).

---

(1) Saragosse fut assiégée une première fois le 15 juin 1808 par le maréchal Lefebvre, qui dut lever le siège le 15 août, à la suite de la catastrophe de Baylen. Puis, le 2 décembre, le siège fut repris par une armée de 18.000 Français et dura jusqu'au 20 février 1809, sous les trois maréchaux Lannes, Mortier, Moncey et le général Junot. Les habitants se défendirent avec un héroïsme inouï.

(2) Les « factieux » désignant d'une manière habituelle les Carlistes, il faut sans doute penser que le mot « Carlistes » s'applique spécialement ici aux partisans de don Carlos qui pouvaient habiter la ville même de Saragosse.

(3) Les lettres se terminent là, ce qui tend bien à prouver qu'elles furent écrites à Saragosse vers le mois de mars ou d'avril 1838.

Ferrary dut se rendre lui-même à Madrid et faire de nombreuses démarches auprès des autorités pour obtenir une solution. La reine Isabelle décréta le licenciement de la légion par une ordonnance du 8 décembre 1838, et les débris de ce corps rentrèrent en France le 7 janvier 1839.

J. LEROY, ÉDITEUR, PARIS